뒷모습에 잠깐 빠졌을 뿐입니다

한혜영 시조집

가히 시인선 002

뒷모습에 잠깐 빠졌을 뿐입니다

한혜영 시조집

가히

시인의 말

그날 이후
내 한쪽 발은 줄곧 맨발이었습니다.

2024년 3월
한혜영

차례

제2부

제3부

제4부

제5부

제1부

목련

올해도
딱 그맘때 시구를 했습니다

포물선을 그리며
훌쩍 넘던 계절의 담장

마지막
꽃 한 송이가 글로브를 떠났지요

어떤 청춘이
공을 받아 애인에게 줬을까요

흠뻑 젖은 몸을 씻으러
구름 아래로 드는

그 목련
뒷모습에 잠깐 빠졌을 뿐입니다

불문율

비가 오는 까닭을 따져 묻지 않는 것처럼 지천으로 널린 햇볕도 그러려니 하는 것처럼

슬픔이 내게로 오면 묻지 않고 젖을 거다

안개에게 먹혀도 투정이 없는 달처럼 고양이 푸른 눈에 떠도는 전설처럼

슬픔이 기억으로 오면 섬처럼 잠길 거다

겨울 숲에서

누구라도 새처럼은 숲에 들지 못합니다

족쇄 찬 죄 무거운 발걸음이 사뭇 끌립니다

사제의 검은 옷자락 일렁이는 바람 숲

겨울 끝은 보이지 않는 서쪽에 있습니다

길을 묻고 돌아서면 툭툭 지는 기러기 떼

저 하늘 텅 비어도 나는 차마 날지 못합니다

기형의 발들

다육이 화분이 빼곡한 화원이다

주렁주렁 물집 잡힌 수천의 발가락들 얼마나 험한 사막을 왔나 전부가 기형이다

다육과인 나도 그들처럼 예까지 왔다 그늘도 오아시스도 일절 없는 모래밭을

머리에 반짝거리는 별꽃 하나 핀으로 꽂고

이름 많은 나무

배롱이나 백일홍보다 간지럼나무가 나는 좋아 부르면 깔깔거리며 달려 나오는 계집애

한여름 명랑하게도 꽃가지를 흔들지

분홍이나 하얀 레이스 그 아래로 드러난 매끈한 알종아리를 보는 것도 즐거운 일

동그란 혓바닥을 닮은 잎들
메롱!
약 올리는

서쪽의 시간

첨탑에 저 붉은 해는 어느 닭의 볏입니까
날개를 갖지 못해
우러러만 보는 횃대
하늘엔 건잡을 길 없는 불길이 번집니다

노을을 등에 업고 절룩이며 돌아오는
퉁퉁 부어오른
하루의 발등 위에
내 오래 참아온 회개 향유처럼 붓습니다

어머니와 앵두나무

봄비 촉촉한 날 어머니 걱정하셨지

시골집 앵두나무 예까지 오느라고 갓 지은 꽃모자 쓰고 비 홀랑 맞겠구나

그 나무 서울까지 당도하면 또 이러셨지

도시는 숨이 막혀 벌써 발길 돌리는구나 다 해진 꽃모자 쓰고 터덜터덜 가겠구나

두벌 꽃

상처 위에 새살 올려
두벌 꽃이 피고 있다

맑기만 한 목숨에도
고쳐 살아야 할 무엇 있어

식었던 이마가 또다시
절절하게 끓는 거냐

본디 너 오고 감이
한 갈래 빛깔이지만

가닥 잡을 수 없는
만 갈래 엉긴 시름

한 시절 다시 핀대도
난 모르겠네 내 빛깔을

찬연히 내 안에서

피고 지고 지고 피고

만졌다가 도로 놓는
눈부신 이 때깔에

깊숙이 숨긴 죄 하나
몰래 꺼내어 빌고 싶네

버들과 여자

짙은 살 냄새를 가랑가랑 끌고 와서
물 긷는 버들 뒤로
아쉬운 듯 밤이 가네

여자여
푸르게 출렁댔을
젊은 몸의 그 체위여

저 버들에 세 들면 물 한 동이 얻을 건가
밀폐된 방 어둠 속에
잠만 자는 늙은 사랑

몸 활활
뜨겁던 밤을 잃고
적막하네 내 여자는

나비는

꽃이 아니어도
앉으라면 앉아야지

초록이 아니어도
날아라 하면 날고

나비는 고단도 하지
계절에 상관없이

먼먼 바다를 건너
산맥을 넘고 넘어

거기 무슨 꽃이 있어
날개가 젖고 젖나

죽음이 거기에 있어
부르면 가는 거지

스테인드글라스

서로의 색깔이
다름부터 인정하지

크고 작은 자리에
연연하지 않으면서

어울려 하나가 되는
유리 마을 주민들

여유 없는 지붕들
다닥다닥 잇고 사는

가난도 뭉치면
예술이 된다는 걸

창문을 넘는 햇빛이
은근하게 가르치지

입동에 앉아

내 목숨 저문 뒤에 적막도 저쯤일까

꽃대 사윈 칸나 몸 기대선 담장 아래

드리운 한 폭 그늘이 저승인 양 서늘타

한평생 사는 일이 불씨나 나누는 일

타고 남은 한 줌의 재나 바람결에 보내는 일

영원히 푸르다 할 게 무엇이 있겠는가

생각도 입동인 요즘 햇살마저 시들해서

몸 닳아서 더는 깊게 꿈에 드는 별도 없고

혼잣말 빈 가슴에는 귀뚜라미나 들고 있네

벽을 넘는 방법

어린 내 앞에 걸핏하면 벽이 놓였다

두껍고 단단하고 올려다보면 아득한

절망을 누군가 훌쩍 마술처럼 넘겨주었다

열 살 스무 살 때도 쉰 살에도 그러했다

그때마다 아이는 발 구르며 쩔쩔맸다

예순이 되어서야 고요히 손 모을 줄 알게 됐다

과거로 돌아가다

꽃을 배경으로 활짝 웃는 청춘이다

목숨 속의 목숨으로 핀
그때는 몰랐던 깊은 그늘

젊어서 서러운 빛깔
연분홍 한때이다

사진 속 꽃들이야
바람을 탄 지 오래건만

질 줄도 모르면서
벌레나 뜯기면서

심장에 바짝 들이민
추억이 고문이다

요요의 계절

나무의 다이어트 겨울엔 성공하지만 문제는 봄부터다 날마다 파티 열리는,
꽃무늬 화려한 드레스 향수 갈수록 짙어지고

앙증맞은 이파리 매니큐어 칠한 손톱 칵테일 잔 부딪치며 대낮에도 휘청거려

계절도 유월쯤에는 호크가 안 잠길걸?

요요는 교과서적 어김이 없는 거다 벌써 풍만한 나무들 질질 끌리는 초록,
드레스 주체 못해서 쩔쩔매는 것 좀 보아

제2부

길동무를 위한

이 행성 마지막 여행

끝내고 돌아갈 때

길동무와 두런두런

사탕인 듯 나누려면

몇 가지

깊은 사연쯤

속주머니에 숨겨야지

날아가는 숭어

물수리에 낚아채인 숭어 훨훨 날아간다

죽었는지 살았는지 모르는 채 날아간다

생사가 한 몸이 되어 기막히게 날아간다

인간 마을 처마 끝에 저런 목어 많을 거다

물수리 벼락 치듯 꽂힐 때를 기다리는

딱 한 번 비어飛魚가 되어 훨훨 날고 싶어지는

흔적

눈을 밟으며 어릴 적 겨울로 돌아간다
새벽 눈 쓸린 자리 드러나는 엄마 발자국
한 방향 화살표였다 미사 가느라 종종거린

무게만큼 눌리는 게 삶의 자국이라고
그때는 몰랐었다 목숨 그리 무거운 줄
너 쉴 곳 여기 있다는 말씀도 듣지 못하고

어둠을 끌고 간 흔적을 따라가면
십중팔구 예배당 십자가에 닿게 된다
무릎을 꺾게 한 것은 오매불망 자식이고

병病에 갇힌 기억

몇 해 동안 병에 갇힌
기억을 갖고 있어

어쩌다 배가 표류한
막막한 동굴 같았지

날마다 벽화를 그리며
구조선을 기다렸어

폭풍이 그쳤을까
내다보면 망망대해

아침 해는 내 심장이
부표로 뜬 거였어

해적선 깃발 펄럭거리며
접근하다간 돌아가고

바다제비는 내 꿈에

오물이나 투척했지

악몽을 낳고 기르는
둥지만 늘어났어

웅크려 잠을 청하면
이승은 저승이고

폭우

내가 무엇을 얼마나 잘못했다고

다저녁때 이렇게 몰려와 퍼붓나요 그것은 부아 난 엄니가 아부지한테나 하던 일

젖은 솔가지를 아궁이에 밀어 넣던 부지깽이로 무쇠솥 땅땅! 두들기며

겁나게 퍼부어대던 일이지 않습니까

발화지점

불 되는 것이
어디 유황뿐이겠느냐

한 번은 살라야 할
애愛거나 증憎이거나

무심한 바람결에도
불씨 화르르 이는 것을

눅눅한 한 계절을
버려진 듯 나더라도

위험한 눈빛이란
켜는 대로 불이거늘

말이나 생각이거나
순간에 확! 발화하는

분수 앞에서

물보라 둘레만큼
덩그런 연꽃이네

온종일 널 비우고
또 너를 채우는 일

스스로 몸을 식혀서
참 서늘한 꽃이네

분수噴水 안에 분수分數란 게
나는 결코 쉽지 않네

하늘로만 솟구치는
욕망이란 물줄기

다스려 늘 고만큼의
내가 되기 쉽지 않네

정녕 넘침이 없는

절제의 미학이여

갈증 많은 세상살이
답答을 보듯 물을 보네

한바다 마음 닦는 법
살아 푸른 저 말씀

계절을 울다

이 계절 풀무치가 울기 전에 내가 운다

그늘 짙은 나무
잎 날리기 시작하는

감나무 가지 끝에 매달린
겨울잠이 무겁다

낙수 소리 자분자분 늑골 깊이 파고든다

원근법도 모르면서
밀고 당기는 소리

멀고도 가까운 세월이
빗줄기에 끌려온다

사모의 시간

바다를 보면 고향이 보입디다 슬픈 어머니 손금이 보입디다

어릴 적 그 뽕나무밭 넘치는 아침바다

저물녘엔 하나둘 모여드는 곤한 불빛 그 안부 달래는 물소리도 잠깁디다

아득한 뭇별 하나가 가슴에 든 정입디다

어릴 적 엄니 말씀 멀리까지 흘러와서 온종일 철썩대며 수평선을 지웁디다

도요는 종종거리며 추억이나 좇아가고

무너진 시절

기적소릴 내고 싶어
내 몸이 우는 날은

낡은 침목枕木 그 추억도
비에 젖고 있을 거다

오래전 시효를 넘긴
차표 한 장 나뒹굴고

역사는 무너지고
이후 나는 갇혀 있고

세월은 녹을 먹은
철마처럼 우는 거다

그리움 온몸에 등불 달고
꽃뱀처럼 달리는데

운명은

치명적 시간은
조폭처럼 기습을 하지

연인을 태운 차가
윷가락처럼 뒤집히고

벚꽃에 홀려서 몽롱한 때
아이를 데려가지

어떤 목숨은 비행기를
놓쳐서 살아남고

쇼핑몰을 날아다니던
총알도 마찬가지

운명은 사이비 종교 같아
피하나 못 피하나

불면

생각은 끈 긴 두레박
밤새도록 우물물 푼다

무시로 차고 넘치는
한과
미련
그리운 것들

시간에 시간을 풀며
물에 물을 보탠다

그저 그런 예삿일이나
불이 되는 꽃이래도

잠 밖에선 무지개
그도 아니면 흑암뿐인

꿈 줄도
낡은 도루래

험한 밤을 감고 있다

맹조盲鳥

납덩이 같은 절망을 새라고 기른 적 있지
수십 번의 부리질로 물과 모이 겨우 찾던
한 열흘 비극적 서사가 막막하게 전개됐지

세상으로 올 때부터 앞 못 보던 목숨처럼
빛을 체념하고 검은 시간에 둥지를 튼
딱 한 뼘 높이의 횃대에도 끝내는 못 올랐지

밑바닥을 훑어 근근이 생계를 이어가던
눈먼 새를 더듬더듬 눈먼 내가 기른 거지
온종일 문 열렸어도 희망조차 캄캄하던

백목련

방금 숨 거둔 이의
가슴 여며준 듯싶은

손!

저 희디흰
손 앞으로 이끌려가

이승에
더럽힌 이마 위에
종부성사를 받고 싶네

무한복제시대에 대한 상상

이런 시대를 농담처럼 열어 보겠네 복고풍과 새로움 사이 극단으로 치닫는 상상의 프린터를 작동시키니 놀라운 미래가 도래하는군 끔찍하지만 흥미롭기도 해 군대나 교도소엔 복제품을 대신 보내고 예식장 장례식도 가짜를 참석시킬 수 있다는 거지 물론 애교 많은 여자한테 쏙 빠진 사내가 똑같은 아내를 여럿 만드는 실수도 할 거야 여자의 잔소리 감당은 순전 본인 몫이지만 말이 어눌한 변호사도 개업하기 좋아질 거야 달변의 혀를 장착한다면 영화감독은 작품이 요구하는 외모의 배우를 인공지능회사에 주문하고 관객의 욕망은 보다 다차원적인 세계를 주문하겠지 반려견이나 반려묘를 미리미리 복제하는 것은 필수 사항이 될 것이고 죽어도 죽지 않는 인간들이 거리를 활보할 거야

당신도 육체와 영혼을 나눌 수 있어 기계처럼

제3부

이율배반

소가
내게로 왔습니다

뚜벅뚜벅
시대를 걸어

두 눈 가득 별빛 담고
동굴 울음
깊이 울며

식탁에
막 도착한 목숨

새삼 내력을 묻습니다

산타가 온다는 것은

한 남자가
처마에다 트리를 걸고 있다

아이들 귀엔 벌써부터
루돌프 마차 소리

산타가 온다는 것은
추억이 온다는 것

문고리에 양말 걸고
일찌감치 침대로 가

고래처럼 한쪽 눈 뜨고서 자는 거다

성탄절 시계는 언제나
유년에 걸려 있지

어른들의 산타는 올해도 오지 않아

이천 년이 넘는 동안
선물 한번 못 받았지

묵은해 청산하느라
술잔이나 깨뜨릴 뿐

이명

소리의 세계는 약육강식 먹고 먹힌다

이도 잇몸도 없는 입으로 감쪽같이

소리가 배곯는 일은 세상에 없을 거다

소리들 모두 먹힌 고요한 밤 되어서야

존재를 알리는 아주 작은 소리 있다

큰소리 피해 도망을 와 내 귀에 사는 이명

허기진 풍경

강물 위에 알곡으로 쏟아지는 햇살들
새 한 마리 곡진히 쪼아대는 풍경이
유년의 허기진 뱃살로 흐느껴 밀려온다

제비꽃 눈물에도 한나절을 머물던
강둑은 고만고만한 마음들을 피워놓고
물소리 쉼 없이 길어 올려 서정을 빚는구나

강은 아득히 제 그림자를 끌고 와서
철새들 막막한 울음이나 좇고 있다
한 계절 머문 하구에 갈대숲이나 키우면서

마침내는 건너야 할 겨울 강을 질러보면
정작 그리운 건 두고 가는 눈빛 하나
다 해도 섭섭한 사랑 섬만큼이나 멀겠구나

그 언니

동백을 만난 것은
일본의 후쿠오카

사진을 핑계 대며 웃으며 다가가니

동백은 바람을 핑계로
얼굴을 매만졌다

이국땅을 딛고 서서
수심에 잠긴 표정

돌아와 사진 보다가 흠칫 놀라고 만다

만삭된 배를 끌어안은
일본군 위안부다

티비에서 하도 봐서
언니 소리 절로 나오는

죽어도 죽지 않은 이제는 아는 사람

역사는 어떤 상황에서도
기록만큼은 꼭 남겨둔다

겨울 갈대숲

강변 갈대밭은 널브러진 늙은 창녀다

몸단장도 하지 않고 흰머리만 휘날리는

물새는 담뱃불인 양 빠끔빠끔 뜨다 만다

난감한 듯 한참이나 여인을 지켜보던

낮달도 슬리퍼를 달달 끌며 가버리고

삐끼를 나갔던 바람은 돌아와 신경질이다

명명

바다라 부르지 않아도 너는 진즉 바다였다
흘러가는 섬 하나 흘러가게 버려두고
스스로 달랠 줄 아는 넓은 가슴을 가졌어라

그 사연 풀어보면 절절한 피리 소리
상처만큼 깊고 푸른 물빛이나 보태면서
영원을 참을 줄 아는 인내를 가졌어라

밤이면 설운 눈빛 별로 뜨는 사랑아
홀로 우는 물소리에 젖을 가슴 없다 해도
바다는 거기 그렇게 오랜 날을 있었구나

그 겨울, 그런 일이

소문 물어 나르는 미친 개가 있었다

청상과부 복천 엄마
그 이빨에 물려가서

졸지에 주홍 글씨를 입고 한겨울을 내달렸다

애먼 시간으로
대숲은 술렁이고

칠흑의 음모로 밤은 매일 질퍽이고

소문을 잡으러 갔던 목숨은 감감했다

예배당 새벽 종소리
매일 울어도 오지 않던

소문 한 짝
찾은 것은 그 후 한참 지나서다

한 점도 얼룩이라곤 없는 하얀 고무신을

그럴 줄 알았다며
아침 해가 반짝 웃었다

그제야
동네사람들 몽둥이 집었지만

사나운 미친개 이빨에 뒷걸음질을 쳤다

종착역

저 늙은 기차도
바람둥이 한때가 있지

무쇠 몸 들썩이며
밤낮없이 내달리던

역마다
무한 방출을 하던

풋풋하던
그런 시절

직유에 대하여

친절하면 일단은 의심부터 해야 한다

당신 예쁘다는 말에 입술부터 내밀면 뱀처럼 황홀한 시간도 시궁쥐가 될 수 있다 불꽃처럼 사랑하지만 불꽃은 결코 아닌 죽을 것처럼 아프지만 결코 죽지는 않는 유사한 비유에 목책을 넘지는 말라는 거다 빤한 유혹에 의심 없이 편승을 한다는 거 그럴 바엔 몽환으로 잠입을 하는 거다

불타는 심장을 통과해야 사랑이 완성된다면

사라진 휴가

눈을 뜨면
이태리 프랑스 스페인으로

하나의 사건도 없이
빙산처럼 떠돌았다

오천 명 태운 뱃머리엔 작은 새 홀로 날았다

술과 음악
섹스와 웃음은 있으나

다급한 발소리와
비명이 사라진 공간

인간은 습관의 동물이라 안전이 외려 지루했다

크루즈는 떠다니는
격리소 아니면 섬

그걸 깨닫기까지 며칠이면 충분했다

세상을 데리고 갔더니
휴가가 없더라는

허상을 본다는 거

수구처럼 허공에 둥둥 떠다니는
저 얼굴은 간절해야 보여주는 풀솟이다
손 뻗어 만지려 하면
먼 하늘로 달아나는

한껏 고개를 젖힌 꽃들의 눈동자가
그렁그렁 젖은 것도 어쩌면 그런 이유
간절함 이런 열쇠라야
잠긴 시간을 연다

귀신 본다는 삽살개가 공연히 짖어대도
심장에 먹먹한 이름 묻지 않고서야
저토록 아득한 공간을
읽을 방법이 없다

숨바꼭질 끝나도 나타나지 않는 사람
내가 찾는 것은 투명한 그리움이다
마지막 기억으로 남은
웃음 말소리 뭐 그런 거

터치, 터치

건드리면 홀랑홀랑 넘어가는 태블릿피시, 손을 뗄 수가 없다 전신이 성감대라

이 여자 절정은 어디? 벌써 새벽 두 시다

손가락 하품은 화면에서 아웅, 아웅 좋아요 꾹꾹 누르는 지구촌의 사람들

이것은 영혼의 스와핑이다 한밤중이 외로운

이런 창업

이런 불경기엔 이런 창업이 제격이지
노래방과 만화방 사이
울음방을 차리는 거
맘 놓고 울 수 있는 데가
제대로 없잖아

비질비질 울음 흘리며
찾아오는 손님에겐
얼굴도 보지 않고 방부터 내줄 거야
서둘러 터트리라고
눈치 볼 거 없다면서

제대로 울지도 못하는 손님에겐
추가 시간 듬뿍 줘야지
등도 펑펑 두들기고
울음이 폭죽처럼 터지게
탬버린도 쳐줄 거야

더는 노래를 핑계로

노래방서 악쓰지 마
울음은 울음답게 눈물이 있어야지
공짜로 물수건도 줄게
태연하게 닦으라고

아무래도 울음방 창업을 서둘러야겠어
꽉 찬 분노 설움으로
퉁퉁 부은 얼굴 많아
큰 사건 저지르기 전
미리미리 해소하라고

잔인한 허기

멧돼지는 먹이를 꾸는 은행이 아예 없지
통장도 모르고 이자는 더욱 모르고
하루치 양식만 벌면 그뿐인 일용직들

평수 늘려 집 옮긴다 대출받는 법도 없고
사업 망하고 새끼들 숨통 막을 일도 없고
허기만 다스린다면 순하디순한 목숨

배고파 산 내려와 농작물에 입 댔다가
총 맞은 멧돼지가 죽어가며 절규했지
허기나 총 가진 짐승이나 잔인하긴 똑같다고

제4부

가족

가족이란 이 이름은 누구한테 받은 건가

두고두고 뼈가 아픈
약지로 쓴 혈서 같은,

이 세상 다 건너도록
밀서처럼
내가 품을

사내와 전봇대

술에 취한 중년 사내가
전봇대를 잡고 운다

가로등은 연민으로
고개 점점 굽어지고

어둠은 몇 걸음 물러서서
지켜만 보고 있고

물컹한 울음 끝에
가슴 뜯는 말 들으며

밤비는 틀렸다며
빗금 쭉쭉 긋고 있다

세상에 정답은 없다며
삶은 누구나 낙제라고

말에 대하여

말은 아름답고 곤란하며 위험하다
언어의 꽃 안에는
악마가 살기도 해
혀 한번 잘못 놀리면 거기가 지옥이다

애인에게 주는 말은
하와이안 꽃목걸이
향기에 홀려 몽환으로 쉬 빠지는 거다
사랑이 우거진 숲에서 깔깔대다 길도 잃고

달리면 넘어지고 침묵하면 숨 막히는
말은 말 그대로 관리사가 필요하다
고삐를 잘 놀리면서
채찍까지 잘 쓰는

말의 결점이란
속옷처럼 홀랑 벗어서
세탁기에 던져 넣고 빨 수 없다는 거다
분리할 쓰레기도 못되니 버리지도 못하고

오리배와 모리배

'유원지 오리배'를
'유원지 모리배'로

잘못 읽고서야 간신히 생각하네

세상엔 오리배보다
모리배가 많다는 거

물 좋고 정자 좋으면
건달은 항상 나타나지

행락객 함박웃음 터트리기도 전

자릿세 갈취부터 하는
경우도 뭣도 없는

번번이 삥 뜯기고
위협 받으면서도

간단하게 돗자리 못 접는 게 이승이지

기막힌 인연 몇몇은
고맙게도 건졌으니

빵빵한 거짓말

찐빵 익는 수증기 너머
한 소년을 봅니다
[오늘은 현찰 내일은 공짜]
더듬더듬 읽어내고
내일에 갔다가 번번이
손가락 물고 돌아선

여덟 살 아이에게
빵빵하게 부풀어 오른
설움을 빵빵하게
담아서 내밉니다
흐릿한 흑백영화 속
찐빵집에서 훌쩍 늙은

바람의 족보

충청남도 서산군 음암면서 산란한
바람의 새끼 중에 하나가 나라는 거지
간신히 마련한 족보로 도시 편입을 이뤘지

좀처럼 유연성이 붙지 않던 시골 바람
사람과 사람 사이 마음 자주 부닥치며
번번이 무릎이 꺾어졌지 검은 빌딩 그늘 아래

그 바람 어쩌다가 먼 바다를 건너와서
낯선 인종 낯선 언어 걸핏하면 찢어지고
막막한 고국을 향해 폭풍처럼 가끔 울지

복어의 기억

저녁때가 되자 낚싯대가 휘청했다

올라온 복어는 복복거리는 공갈빵

흙고물 묻히는 모습에서 사촌을 언뜻 봤다

책가방 대신에 말고삐 잡힌 아비한테

걸핏하면 드러누워 몽니를 부리다가

맞아서 복어가 되던 못난 그 얼굴을

주둥이 찢긴 해가 선혈이 낭자한 채

눈이 머는 서쪽으로 버둥대며 끌려갔다

낚싯대 거두던 나는 그 너머 순간 다녀오고

어머니의 독립

한밤중 재봉틀에 바짝 붙은 어머니는
말 잔등에 오른 용감무쌍한 전사였다
눈보라 펄펄 날리는
북만주를 내달리는

가난과 맞서 싸운 기막힌 당신의 시간
요원했던 독립의 날 꿈처럼 찾아왔지만
눈발은 영구차를 막으며
또 한바탕 퍼부었다

더 이상은 일감도 밤샘도 없는 나라
평생을 바쳐 마련한 단독 주택에서
비로소 단잠에 드신 거다
아무도 깨우지 않을

원행遠行에서 얻다

단풍의 절정이란 마지막 불꽃이다

그걸 보려고 차를 멀리까지 몰았다가

가파른 비탈을 내려오는
목숨과 마주쳤다

더는 꿈도 희망도 펼칠 수 없는 허공

전전긍긍 손톱 세우고
꽃을 피운 선인장

그것을 지우기까지
걸린 것은 딱 반나절

인간의 완성 역시 뭐라 해도 죽음이다
그걸 확인하려고
방긋방긋 피는

꽃 아닌 망자는 없다

일찍 지나
늦게 지나

희미한 아버지

비명횡사한 남편 장례 끝나자 어머니
경전 같은 아버지 수첩 들고 수금 갔지
줬다던 뽐뿌집 아저씨 부디 잘 살았길

아버지는 선산에 낙엽처럼 누워 있고
영정 속 눈빛은 여전히 고단했지
문패에 새긴 이름만 빠르게 흐려졌어

이제야 농담 혹은 진담처럼 의심하네
가장이란 이름표 떨어진 거 참말인가
아버지 가슴 쓸어보며 웃었을지 모른다는

보험의 필요성

출생부터 무면허로 인생을 살았어도
면허증 요구하는 검문 한번 안 받았다
위험한 질주의 본능까지 잠재한 나를 두고

허가 없이 삶을 달리고 사랑을 배운 거다
추월과 곡예의 유혹 떨치지를 못하고
달리다 딱지 아니면 전복 간신히 피하면서

미래는 앞에 있다며 후면경도 안 보았다
더러는 뒤쪽에서 받는 차도 있는 것을
죽음은 확실한 보험이다 누구나 꼭 탈 수 있는

죽어도 좋아*

늙었다고 피조차 안 돌기야 허것소
넘어가는 해에도 눈을 찔리는 벱인디
우리는 안작도 멀쩡혀요 숨은 쪼깐 거시기 해도

시동 걸면 끄덕댈 차는 폐차장에도 많지라
참말로 징헌 것이 인연이라고 허던디
그 강한 욕망의 머리 어찌 단숨에 재우것소

요즘 것들 너무 빨리 사랑을 달려부러요
바람처럼 훅훅 넘는 청춘들이 죽어도 좋아!
목숨 건 사랑도 있다는 걸 알랑가 모르것소

고물이 스산한 가을 골목 좀 누빈다고
싸가지 없이 킬킬대선 안 되는 것이제
영화야 기왕지사에 맹글어진 것이고

---

*노인들의 성 문제를 다룬 영화 제목.

파손에 관한 뉴스

내가 화분인 것을 이제야 눈치챘다
이왕에 불을 견디고 가마를 나왔으니
인연들 잘 품을 것을 잔뿌리만 서리서리

좁디좁은 속에다 밑도 막힌 주제에
나를 빛나게 할 꽃나무만 기다렸다
그 흔한 파손이란 말은 상상조차 못했다

젊은 화분이 저승꽃 핀 화분을 깼다는 뉴스
피 묻은 파편으로 티비 화면을 탈출한다
가만히 놔두어도 머잖아 흙으로 갈 화분인데

남극 빙하

극한의 고독 즐기며 수십만 년 살았지
겹겹이 얼음발로 직조된 옷을 입고
망망한 극지에 홀로
머물던 사내였어

사내의 이마가 서서히 뜨거워졌어
기웃대던 발걸음도 부쩍 뜸해지고
근육질 탄탄한 몸은
살이 쑥쑥 빠졌지

속절없이 녹고 있는 유구한 빙하의 시간
무심한 인간들은 반성할 리 만무하고
바다만 세월이 분해서
회오리를 일으키지

제5부

황혼의 사생활

밤과 낮은
만나자마자
비단 금침을 펼치지

민망한 말은 새 떼들이 자막으로 처리하고

머잖아
이불 밖으로
발바닥 하나

쏙
나오지

추락한 자들의 모임

그의 곁에는 낙방한 자들만 쏙쏙 모였다
공무원 입사시험 떨어진 자는 물론이고
계단서 굴러 내렸다는 사내도 슬쩍 끼었다

깨진 꿈이 안 붙으면 자격이 되는 거다
마음의 장애거나 몸의 장애거나
미래를 깁스한 그들은 밤새도록 떠들었다

더는 무너질 것 없는 견고한 바닥을
안심하며 건배하다 불현듯 악을 썼다
추락할 높이마저도 상실했다는 절망감에

지독한 오해

그 가문의 대문은 오랫동안 닫혔었지
천천히 자란 혀가 종유석이 되던 집안
꽁꽁 언 고정관념은 쉽게 녹지 않았어

문중 사람 하나둘 등이 붉은 사내를 따라
서쪽으로 떠나갔지 늑대 소리 컹컹 내며
북풍은 좀처럼 방향을 바꾸지 않았거든

핏줄은 어디로 어떻게 흘렀는지
함부로 버려진 내력 마당에 나뒹굴고
수십 년 걸려서 연 창밖 낙엽만 골똘했지

충복의 죽음

컴퓨터 화면이 갑자기 멈춰 섰다
이상증세에 당황해 심폐소생 해보지만
마침내 그의 사망은 공식화가 된다

심전도 화면은 첫 세상처럼 고요하다
얼마나 많은 정보를 알고 있는 비서인가
때로는 구미호 같고 때로는 귀신같던

수족으로 부리던 그가 죽으니 막막해서
한숨 한번 내쉬고는 입술을 달싹댄다
잘 가라 절대 충복아 비밀 깊숙이 품고

이런 줄다리기

경량급과 무제한급이 벌이는 줄다리기
상대가 안 되지만 암 병동에선 흔하다
삼세판 그런 것도 없이 단판으로 끝나는

이겼다! 판정은 하필 박수 직전에 난다
믿었던 줄 후드득 한순간에 끊기면서
가족들 엉덩방아를 세게 찧게 하는 거다

몇 해 지난 지금도 일어나지를 못해
건드리면 픽픽 끊어지는 줄을 잡고
골반뼈 깨진 줄도 모르고 망연자실 있는 거다

실종의 변辨

자신 없다는 말은
나는 쏙 빠졌다는 말
가죽만 남아
무엇도 할 수 없다는 말
한때는 내가 그랬다
청춘도 막연해서

밥과 욕망을 꾹꾹
부대에 눌러 채우고
데일 듯이 뜨거운
한숨 훅훅 불어넣고
몇몇은 영혼을 좀비로
만든 전과도 있다

자신 없기는
그때나 지금이나 마찬가지
세탁물 들여다보듯
곰곰이 나를 살피면
구겨진 껍질만 있다

자신은 없어지고

계단의 자격

일원이면 고통도 나누어야 마땅하다
딛고 오르려는 꿈이나 야망에게
기꺼이 등 내줄 수 있는 아량 있어야

직각 아래 직각 부드러움 전혀 없는
피아노 건반 같아도 끽소리 내지 않는
이렇게 각이 딱 잡힌 계급사회도 없을 거다

각이 각을 인정하고 단계는 단계를
공손하게 받들어야 함께 높아진다는
그것을 믿지 못하고 사직서를 늘 품었다

세탁소와 단골들

유치원과 학교를 거쳐 사회로 진출한다
예배당 가는 대신 세탁소엘 다니면서
세속에 찌든 때들은 화공약품으로 해결한다

얼룩쯤은 쉽게 지워 감쪽같이 차려입고
흙 묻었다 똥 묻었다 날로 능한 손가락질
갑질은 익숙한 장면이다 백화점 단골 메뉴

노인정 갈 나이면 세탁기가 되는 거다
날마다 돌려대도 짙게 남는 삶의 얼룩
그러다 고장 난 기계 단추나 꾹꾹 눌러댄다

빌딩들

이상한 기린들이 도시를 점령했다

날마다 높아지는
콘크리트 모가지들

창문은
핏발 선 눈으로
세상 염탐을 밤새 한다

빌딩의 식욕은 왕성한 잡식성이다

자본과 경제와
미래를 먹어치우는

인간은 그들의 배설물이다

아침에 먹고
저녁에 싸는

양심

변기 쓰면서 사람들
반성이 부족해졌지

저한테 나온 것들
들여다볼 기회 잃고

구린내 풍기는 증거물
쉽고 빠르게 없애버려

눈 깜짝할 사이에
변기는 꿀꺽 하지만

그걸로 절대은폐를
바랐다간 오산이지

양심은 수세식이 아니라
차곡차곡 쌓이거든

이름

문양도 색도 청청한 고려청자 그쯤 되는
빛나는 이름 있다, 한 생전 눈이 부신
모든 것 다 저물어도
저물지 않는 이름 있다

더러는 초벌부터 틀려먹은 그릇이라
일그러진 모양대로 비바람에 젖어 산다
서러운 손때 묻히며
이리저리 옮겨 산다

한 번은 꼭 그렇게 깨질밖에 도리 없는
그릇 이상 무엇도 아닌, 운명 사뭇 기막혀도
고유한 이름이 있어
영원을 사는 거다

자연에게 배우다

물이나 구름은 만나면 하나가 되지
스민다는 말을 몸소 실천하면서
어떤 걸 자연스럽다 하는지를 가르치지

단단하게 여문 것과 부드러움의 조화
바위는 등과 옆구리 물에게 기꺼이 내줘
천만 길 뛰어내릴 때 마음껏 구르게 하지

한자리서 누군가를 그토록 변함없이
기다려본 적 있나 돌이나 나무처럼
일생을 그리움 하나로 사는 법도 배우지

험한 시절

계절은 을씨년스러운 한겨울 풍경이다
척추뼈가 휜 나무들 포로처럼 끌고 가는
한 시대 절망의 밧줄은 길고도 질겼다

가장 낮은 자릴 떠돌다 가는 바람이며
내릴 곳 없어 선회하는 햇살 몇 오라기
왔다가 그냥 가는 건 희망뿐이 아니었다

아아, 코로나에 발목이 잘린 꿈들이여
저물녘 짐승처럼 죄가 되는 몸뚱이들
그 속에 깃든 사막은 실로 멀고 험했다

끝이야 보이겠지, 열리겠지 길 따위야
주문처럼 지껄이며 갈 데까지 가는 거다
절망이 없대서야 사람이 어찌 길을 보겠냐며

플로리다

플라스틱 바가지처럼 알록달록 다양한 색
꽃들은 복역 중이다 푹푹 찌는 수용소에서
사계절 수형생활을 찬란하게 하고 있다

어딜 봐도 반들반들 은반 같은 햇볕 천지
죄수 아니고야 이런 형벌 또 있을까
꿈에도 도주하다가 넘어지는 게 꽃들이다

날빛은 마약 가루 가물가물 조는 꽃들
화들짝 피었다가 농담처럼 지는 거다
영원한 탈출도 비로소 성공을 하는 거다

망향

자고 나면 낯선 땅 위태로운 가지 끝
바람 불어 가는 곳에 그리움도 머릴 둔다
몇 밤을 날아도 좋을 지쳐가도 좋을 고향

건너온 바다를 밤마다 되지르는
철새들의 날개는 찬 서리에 젖어 있다
한세월 품었다 해도 봄은 아직 멀리 있고

그래도 넓혀가야 할 무리들의 척박한 땅
뜨거나 앉거나 삶은 힘에 부치지만
저 하늘 열어갈 날개 있어 그래도 꿈을 꾼다

해설

뒷모습의 시학

이병국(시인·문학평론가)

한혜영 시인의 시조집『뒷모습에 잠깐 빠졌을 뿐입니다』는 간결한 언어로 삶과 죽음의 사유를 정제해 나간다. 시조의 형식이 지닌 규율은 삶의 제약을 상징하는 듯하지만, 삶이라는 것이 제약에 순응하며 억압된 양태에 머물러 있지 않듯 한혜영 시인의 시는 주어진 조건을 변주하여 그 안에서 자신만의 언어를 축조함으로써 미학적 질감을 형성해 낸다. 이는 바로 보이는 앞이 아닌 뒤를 향한 시인의 시적 응시 태도에 기인하는 것처럼 보인다. 표제에 언급된 '뒷모습'이라는 시어는 시집을 통틀어, 여는 시「목련」에 단 한 번 등장한다. 그럼에도 시집 전체를 아우르는 결정적 시계視界로 작용한다고 말해도 과언이 아니다. 우리는 대상을 마주함에 우선하는 것으로 '앞'을 상정한다. 그것은 화려하고 긍정적이며 진보적인 방향을 가리키는 기재로 상상된다. 하지만 '앞'은 대상이 나에게 보여주고자 한 바를 표상하고 있기에 그 너머를 은폐한다. 우리는 다른 존재에게 자신을 드러내야 할 때 '앞'이라고 생각하는 바를 꾸며 보여준다. 이는 어쩌면 보고자 하는 것을 보여주는 태도이며, 보고 싶은 것을 보려는 태도와 결부되는 것인지도 모른다. 그런 점에서 '앞'은 역설적이게도 존재의 본질을 은폐하며 진실을 거세하고 남은 자투리라 할 수 있다.

반면에 '뒤'는 부정적이고 수동적이며 감춰진 무엇을 의미한다. 그 안에는 더러움, 추악함, 부끄러움, 욕망, 거짓 등의 것들이 있다고 상상된다. 앞에 내놓을 수 없는 것들이 그 안에 있다고 믿는다. 하지만 우리는 '뒤'를 통해 존재의 진실에 닿을 수 있다는 걸 안다. 화려하게 꾸밀 수 있는 '앞'과는 달리 '뒤'는 은폐될지언정 완벽하게 삭제할 수 없기 때문이다. 존재의 본질에 닿기 위해 요구되는 것은 그것이 보여주고자 하는 '앞'이 아니라 그 너머에 있는 '뒷모습'을 응시하는 태도이다. 억압하고 억눌러 놓은 '뒤'를 향한 접근이야말로 '나'가 '너'와 함께하는 윤리의 시작이라 할 수 있다. 물론 이때의 '뒤' 또는 '뒷모습'을 향한 응시가 꼭 타인을 향하는 것만은 아니다. 타인 혹은 타자의 뒷모습을 인식하기 전에 '나'의 뒤를 살피는 태도도 윤리적 수행의 출발이 된다. 한혜영 시인이 이번 시집을 통해 응시하는 "뒷모습"은 타자와 세계의 뒷모습이기도 하지만 전반적으로 시적 주체의 뒷모습이자 시인이 전유하고자 하는 경험적 시간의 총체이기도 하다.

「목련」에서 화자는 "목련"의 "뒷모습에 잠깐 빠졌을 뿐"이라고 말한다. 목련은 "시구"라는 시어를 통해 화자가 무엇인가를 던지고 있으며, 그것이 "포물선을 그리며" "계절의 담장"을 넘어가 버렸다는 것을 드러낸다. "마지막/꽃 한 송이"도 떠난 지금, 화자는 "어떤 청춘이/공을 받아 애인에게 줬을까" 묻는다. 그리하여 목련은 공이 되고 다른 청춘이 받아 애인에게 넘겨줄 수 있는 그 무엇이 된다. 이를 어떻게 해석할 수 있을까. 다양한 해석이 가능하겠지만 "청춘"이라는 시어에 주목해 보면, 목련은 화자가 지녔으나 이제는 계절의 뒤안길로 넘긴 시절, 즉 청춘의 시간이라고 가정할 수 있을 것이다. 그리하여 시적 화자는 계절의 변화에 따라 목련이 지듯, 청춘靑春, 푸른 봄을, 나아가 꽃이 피는 모든 계절을 경험하고 이를 떠나보내야 하는 나이에 이른 것으로 보인다. 이때 잠깐 본 뒷모습은 결국 화자가 경험한 시간의 흔적이자 그동안 무시하거나 은폐했던 삶의 이면이라 할 수 있을 것이다.

화려했던 청춘을 보낸, 그 결여의 화자는 부정적 감정에 사로잡힐 수도 있다. 그것은 슬픔의 정동이 되어 존재를 잠식할지도 모른다. 그러나 시인은 "슬픔이 내게로 오면 묻지 않고 젖을 거"(「불문율」)라고 말한다. 부정적 감정을 거부하지 않고 그것을 수용하여 사유하며 자기화하고자 한다. 결여가 야기하는 그 모든 것을 기꺼이 포용함으로써 존재를 부정하거나 그에 잠식되지 않고 자신의 기억으로 전이하여 삶의 부분으로 받아들이는 태도를 보이는 것이다.

다육이 화분이 빼곡한 화원이다

주렁주렁 물집 잡힌 수천의 발가락들 얼마나 험한 사막을 왔나 전부가 기형이다

다육과인 나도 그들처럼 예까지 왔다 그늘도 오아시스도 일절 없는 모래밭을

머리에 반짝거리는 별꽃 하나 핀으로 꽂고

—「기형의 발들」 전문

이 시의 화자는 "험한 사막을" 건너온 다육이의 "물집 잡힌 수천의 발가락들"을 바라보며 상처와 고통으로 점철된 다육이에게 자신을 투사한다. "그늘도 오아시스도 일절 없는 모래밭"을 견딘 삶의 여정이 지극히 험난하고 고단하여 그 결과로 성취한 것이라고는 "기형"의 발이었다고 화자는 인식하고 있는 것이다. 그렇다고 해서 '기형의 발'을 비관하지는 않는다. 자기연민은 있을지언정 삶의 여정을 통해 도달한 지금의 '나'가 특수하고 구체적인 비극을 형상화하기보다는 지난 시간

감당해야만 했던 시련과 불행을 돌파한 현재에 집중하고 있기 때문이다. "그늘도 오아시스도 일절 없는" 암울한 상황 속에서도 "찬연히 내 안에서/피고 지고 지고 피"는 "눈부신" 생(「두벌 꽃」)을 성찰할 줄 아는 시인은 가혹한 삶의 과정에서 "머리에 반짝이는 별꽃"의 희망을 품는다. 그리하여 고통을 회피하거나 회의하지 않고 삶을 충실하게 이끄는 계기로 삼는다. 이는「서쪽의 시간」에서 그려지듯 "노을을 등에 업고 절룩이며 돌아오는/퉁퉁 부어오른/하루의 발등"을 응시하는 시인의 시선을 담지한다. 날개가 없어 도달하지 못할 "횃대"를 "우러러만 보며" 도약할 수 없음을 지각하면서도 좌절하거나 절망하지 않고 삶을 충실하게 이끌고 또 그 끝까지 나아가려는 고투, 그로 인해 퉁퉁 부어오를 수밖에 없는 자신의 발에 새겨진 고통을 향유하고자 하는 의지는 시인이 추구하는 '뒷모습의 시학'이라 할 만하다.

삶의 순간순간은 "연분홍 한때"로 충만할 수 있으나 "그때는 몰랐던 깊은 그늘"(「과거로 돌아가다」)을 내재하고 있다는 것을 우리는 안다. 그렇기에 과거를 돌아보는 일은 고문처럼 고통스러울 수도 있다. 그러나 시인은 "열 살 스무 살 때도 쉰 살"이 된 '나'에게도 "두껍고 단단하고 올려다보면 아득한/절망"의 "벽"(「벽을 넘는 방법」)이 언제나 존재했다는 것을 간과하지 않는다. 전전긍긍하며 살아낸 삶은 나이가 들수록 경건한 마음으로 지나간 시절을 수용하게 한다. 너무 애쓰지 않아도 되었음을, 자신 혼자 아등바등하며 괴로워할 일은 아니었음을 깨닫는다. 누군가의 도움을 받든, 그렇지 않든 어떠한 방식으로든 헤쳐나올 수 있었을 것이다. “계절에 상관없이//먼먼 바다를 건너/산맥을 넘고 넘어”(「나비는」) 젖은 날개를 저으며 나아가는 나비의 여정이 죽음에 가닿는다고 하더라도 “몇 가지//깊은 사연쯤//속주머니에 숨겨”(「길동무를 위한」) 길동무와 나눌 수 있으리라는, 마치 죽음을 예비하는 듯한 초월적 태도를 지닌다면 삶의 과정에서 경험하게 될 수많은 고통과 괴로움은 존재를 무너뜨리지는 못할 것이 분명하다.

물보라 둘레만큼
덩그런 연꽃이네

온종일 널 비우고
또 너를 채우는 일

스스로 몸을 식혀서
참 서늘한 꽃이네

분수噴水 안에 분수分數란 게
나는 결코 쉽지 않네

하늘로만 솟구치는
욕망이란 물줄기

다스려 늘 고만큼의
내가 되기 쉽지 않네

정념 넘침이 없는
절제의 미학이여

갈증 많은 세상살이
답答을 보듯 물을 보네

한바닥 마음 닦는 법
살아 푸른 저 말씀

—「분수 앞에서」 전문

세 개의 수로 구성된 이 시는 각 수를 세 개의 연으로 구획하여 사유의 흐름을 그려내고 있다. 감각적으로 이미지화된 분수를 전유하여 화자는 자신을 반성하고 성찰의 계기를 마련한다. 첫 수 초장에서 "연꽃"의 이미지를 차용한 분수는 불교적 색채를 띤다. 그리하여 중장에서 비움과 채움의 사유로 연결되고 종장에서 차가운 물의 이미지를 되살리며 "스스로 몸을 식"히는 "서늘한" 존재로 전이된다. 스스로 비우고 채울 줄 아는 분수는 현실적 감각을 체화하여 헛된 욕망에 매몰되지 않는 존재가 된다. 화자는 둘째 수에서 그러한 분수噴水를 통해 "하늘로만 솟구치는/욕망"을 다스리는 어려움을 토로함으로써 자신의 분수分數를 성찰하는 데로 나아간다. 셋째 수에 이르러 화자는 "절제의 미학"을 지닌 분수에 기대어 "갈증 많은 세상살이"를 살아가는 자신을 향해 질문하곤 "한바닥 마음 닦는 법"을 고민하며 세상살이의 답을 구한다.

감각적이며 분명한 내용을 품고 있는 「분수 앞에서」의 시적 사유는 일견 자신의 욕망을 양보하지 말라고 하는 라캉의 윤리 준칙과 상반되는 듯 보인다. 불교적 사유가 배면에 깔려 있는 만큼 서구 철학에서 이야기하는 욕망의 윤리와는 다를 수밖에 없을 것이다. 그러나 라캉이 이야기하는 욕망은 "하늘로만 솟구치는" 욕망과는 달리 자기 자신에 대한 본질적 속성을 가리키는 것이기에 인용한 시의 시적 태도와 큰 차이를 보이지 않는다. 라캉의 저 말은 헛된 욕망으로 인해 잉여적 존재로 전락하는 것을 막고 진리의 과정에 자신의 포획을 양보하지 않는다는 의미에 가깝다. 다시 말해 잉여적 존재로 전락하지 않기 위해 자신의 욕망을 냉정하게 돌보며 존재가 지닌 고유성에 충실하게 응답하기를 촉구하는 전언에 해당한다. 이는 분수를 바라보며 자신의 분수가 무엇인지 고뇌하며 "넘침이 없는/절제의 미학"을 삶의 바탕으로 삼음으로써 존재의 고유성을 잃지 않으려는 응전의 양태와 같다고 할 수 있다.

한혜영 시인의 이러한 시적 지향은 삶에 대한 힘겨운 투쟁의 과정처럼 보인다. 「병病에 갇힌 기억」에서 형상화된 고통스러운 삶의 한때와 그것을 절망적으로 그려내며 "이승은 저승"이라고 진술하는 것이나 「발화지점」에서 "한 번은 살라야 할/애愛거나 증憎"이라고 발화하는 것처럼 감정을 과잉 토로할 때면 시인이 경험한 삶의 과정이 녹록지만은 않았던 것으로 짐작된다. 물론 이는 오독의 결과인지도 모른다. 다만 "무시로 차고 넘치는/한과/미련/그리운 것들"을 응시하며 "험한 밤을 감고 있"(「불면」)는 시인의 고투가 각 편의 시에서 느껴지는 것은 어쩔 수 없는 사실이기도 하다.

납덩이 같은 절망을 새라고 기른 적 있지
수십 번의 부리질로 물과 모이 겨우 찾던
한 열흘 비극적 서사가 막막하게 전개됐지

세상으로 올 때부터 앞 못 보던 목숨처럼
빛을 체념하고 검은 시간에 둥지를 튼
딱 한 뼘 높이의 횃대에도 끝내는 못 올랐지

밑바닥을 훑어 근근이 생계를 이어가던
눈먼 새를 더듬더듬 눈먼 내가 기른 거지

온종일 문 열렸어도 희망조차 캄캄하던

―「맹조盲鳥」 전문

이 시의 화자가 느낀 "납덩이 같은 절망"이 무엇인지는 "밑바닥을 훑어 근근이 생계를 이어"가야만 했던 정황을 통해 그 여하한 사정을 짐작할 만하다. "수십 번의 부리질"을 해야 "물과 모이 겨우 찾"을 수 있는 현실적 어려움이 존재의 뒷면을 채운다. 궁핍의 연원을 찾자면 그것은 "세상으로 올 때부터", 즉 태생적으로 지닌 것이다. 그런 이유로 화자는 "빛을 체념하고 검은 시간에 둥지를 튼" 채 "딱 한 뼘 높이의 횃대에도" 오르지 못하는 "납덩이 같은 절망"에 사로잡혀 있다. 이런 상황에서 삶을 긍정하거나 새로운 가능성을 모색하기란 여간 어려운 일이 아닐 것이다. 아무리 "온종일 문 열"린 세계라 할지라도 문을 박차고 나가 희망을 꿈꾸며 자신의 존재 가치를 확인받을 길은 요원해 보이기만 하다. 어쩌면 채운 적 없기에 비울 수도 없는, 절제의 미학이란 것을 성찰하기조차 어려운 비참이 화자가 경험하고 있는 삶의 진실인지도 모를 일이다. 이는 시인이 비상에의 욕망과 날개 없음의 현실적 제약 사이에서 충돌하는 감정을 여러 시편(「서쪽의 시간」, 「겨울 숲에서」, 「날아가는 숭어」 등)을 통해 드러내는 데에서도 짐작할 수 있다.

그러나 이 비참과 절망이 그저 "생계를 이어가"는 개인적 생활의 이유에서만 비롯된 것은 아니다. 「운명은」에서 알 수 있듯이 갑작스러운 사고와 사건들이 기습하듯 존재에게 침입함으로써 부조리한 세계의 일면을 삶의 과정으로 여기게끔 강제하는 데에도 원인이 있다. 한혜영 시인은 1부와 2부의 시편을 통해 존재의 삶과 죽음을 성찰함으로써 고통과 슬픔을 내면화하는 힘겨운 투쟁의 과정을 형상화하는 한편 3부와 4부, 5부의 시편에서 죽음을 삶의 부분으로 받아들이며 욕망의 허무를 감각하면서도 그것을 개인의 문제가 아닌 사회적 부조리가 야기한 문제로 확장해 간다. 그것은 어머니와 아버지에 대한 그리움을 표현한 시에서 그려진 유년 시절에 경험한 어떤 부재와도 연결된다. 유년은 "성탄절 시계"에 맞춰 "문고리에 양말"(「산타가 온다는 것은」)을 걸던 순수함으로 채워져 있지만 기실 양말 안에 든 것은 "강물 위에 알곡으로 쏟아지는 햇살들"(「허기진 풍경」)뿐인 '허기진 풍경'일 따름이다. 그럼에도 그 시절을 "아득한 뭇별 하나가 가슴에 든 정"으로 충만한 때라고 생각할 수 있는 것은 "가난과 맞서 싸운"(「어머니의 독립」) 어머니와 "가장이란 이름표"(「희미한 아버지」)를 달고 생활을 영위하기 위해 노력한 아버지가 오롯이 존재했던 시절이기 때문이다. 지금은 추억으로만 남아 그립기만 한 유년의 기억은 화자의 삶에 또 다른 결핍으로 영향을 미치며 시대의 허기, 그 결핍을 형성하는 세계의 뒷모습을 사유하는 데로 이어진다.

소가
내게로 왔습니다

뚜벅뚜벅
시대를 걸어

두 눈 가득 별빛 담고
동굴 울음
깊이 울며

식탁에
막 도착한 목숨

새삼 내력을 묻습니다

—「이율배반」 전문

속절없이 녹고 있는 유구한 빙하의 시간
무심한 인간들은 반성할 리 만무하고
바다만 세월이 분해서
회오리를 일으키지

—「남극 빙하」 부분

빌딩의 식욕은 왕성한 잡식성이다

자본과 경제와
미래를 먹어치우는

인간은 그들의 배설물이다

—「빌딩들」 부분

오늘날의 현실을 '인류세Anthropocene'라고 부른다. 석탄 연료 사용에 의한 대기 중 이산화탄소 농도의 급격한 증가, 해양 산성화, 생물종의 멸종 등 인간에 의해 변화하는 지구의 시대를 '인류세'라고 부르는 것이다. 그러나 인류세는 마치 인류 전체가 연대책임이 있다는 식의 또 다른 문제를 야기할 수 있기에 '자본세Capitalocene'라는 명명을 통해 자본주의 체제와 자본가들이 야기한 문제로 그 범위를 축소하여 근본 원인을 밝히려는 움직임 또한 있다. 어찌 되었든 자본주의적 생활 양식을 내면화한 인간의 탐욕에 의해 발생하는 전 지구적 문제를 고민하지 않으면 안 되는 시대임은 분명하다. 그것은 앞에서 이야기했듯 결핍을 야기하는 동시대적 문제와도 직결된다. 이번 시집에 실린 한혜영 시인의 시편들도 이러한 문제에 천착하고 있다.

오늘날 비인간 동물인 '소'는 과거와는 다른 위치에 놓였다.

과거 농경사회에서 소는 주된 재산 목록이기도 했지만, 김종삼의 시 「묵화」에서 재현되듯 인간과 더불어 삶을 공유하는 가족의 개념에 가까웠다. 그러나 산업화가 이루어지면서 소는 농경사회의 중심에서 소외되어 식용 가축으로 전락하고 말았다. 시인은 「이율배반」을 통해 "식탁에/막 도착한 목숨"의 '내력'을 되짚어보며 비인간 동물을 착취하는 폭력적 세계의 일면을 사유하도록 한다. "시대를 걸어" 다가온 소는 이제 더는 인간과 교감하며 동반자적 관계를 맺지 못한다. "두 눈 가득 별빛"으로 충만했던 소는 오늘날 우리가 상실한 세계의 일면을 들추어낸다.

비인간 동물을 착취하는 이러한 인간의 행위는 자본주의적 생활 방식으로 말미암아 지구의 평균 온도를 급격히 상승시켜 기후 위기를 야기하기도 했다. 유구한 세월에 걸쳐 구축된 남극의 빙하마저 "속절없이 녹"게 했지만 "무심한 인간들은 반성"하지 않는다. 자신의 생존을 위해, 아니 인간의 물적 욕망을 위해 인간 이외의 것을 착취하기만 한 것이다. "빌딩의 식욕은 왕성한 잡식성"이라고 말한 것처럼 인간의 탐욕은 그 대상을 가리지 않으며 "자본과 경제"를 포함하여 지구의 "미래를 먹어치우는" 데 급급하다. '앞'을 향한 세계의 발전은 인간을 기준으로 판단하는 편협한 사고에 불과하다. 그 너머에 존재하는 폭력과 착취의 메커니즘은 은폐되고 삭제된다. 이러한 인간의 '잔인한 허기'는 채울 수 없는 결여로 삶을 무너뜨리고 정신적 궁핍을 가속화할 따름이며(「잔인한 허기」) "더는 무너질 것 없는 견고한 바닥을/안심"하다가는 "추락할 높이마저도 상실했다는 절망감에"(「추락한 자들의 모임」) 사무쳐 "구겨진 껍질"(「실종의 변辨」)로 존재하는 자신을 마주하게 될 것이다. 아무리 "날마다 돌려대도 질게 남는 삶의 얼룩"(「세탁소와 단골들」)은 언젠가 드러나게 마련이다.

그런 점에서 "인간의 완성 역시 뭐라 해도 죽음이다"(「원행遠行에서 얻다」)라는 시인의 진술은 의미심장하다. 이는 그저 죽음으로 끝나는 존재의 허무를 지시하는 것이 아니다. 오히려 죽음을 기억함으로써 "구린내 풍기는"(「양심」) 헛된 욕망으로부터 벗어나 가치에 집중하는 삶을 추구해야 한다는 철학적 사유라고 할 수 있다.

한편 시인은 세계로부터 은폐된 채 "한밤중이 외로운"(「터치, 터치」) 고독한 존재들을 위해 "울음방을 차"(「이런 창업」)려 슬픔을 보듬으려는 마음을 보여주기도 한다. "홀로 우는 물소리에 젖을 가슴 없다 해도"(「명명」) 개별 존재의 "고유한 이름"(「이름」)을 "묻지 않고서"(「허상을 본다는 거」)는 가치에 집중하는 삶을 나눌 수 없기 때문이다. 시인은 이 시대의 탐욕으로 말미암아 스스로를 소외시킨 이들이 "스스로 달랠 줄 아는 넓은 가슴"(「명명」)을 지닌 존재라고 말한다. 비록 지금은 삶과 욕망에 집착하여 애면글면하며 살아가고는 있지만, 그 본질에 바다와 같은 포용의 가능성이 내재해 있음을 읽어낸다.

“세상에 정답은 없”고 “삶은 누구나 낙제”(「사내와 전봇대」)일 지라도 “간단하게 돗자리 못 접는 게”(「오리배와 모리배」) 또한 우리네 삶일 것이다. 그러니 더더욱 죽음을 기억하고 타자를 착취하지 않는 삶의 가치를 숙고할 필요가 있다. 한혜영 시인은 이를 자연으로부터 배우고자 한다.

물이나 구름은 만나면 하나가 되지
스민다는 말을 몸소 실천하면서
어떤 걸 자연스럽다 하는지를 가르치지

단단하게 여문 것과 부드러움의 조화
바위는 등과 옆구리 물에게 기꺼이 내줘
천만 길 뛰어내릴 때 마음껏 구르게 하지

한자리서 누군가를 그토록 변함없이
기다려본 적 있나 돌이나 나무처럼
일생을 그리움 하나로 사는 법도 배우지

—「자연에게 배우다」 전문

이 시의 화자는 첫 수에서 물과 구름을 통해 존재와 존재의 스밈에 관해 배우고 둘째 수에서는 바위와 물을 통해 조화를, 셋째 수에서는 돌과 나무에게서 변함없는 태도를 배운다. 스밈과 조화, 한결같음은 존재와 존재가 서로의 뒷모습을 포용하는 능동적 행위와 같다. 이는 화려한 한때의 청춘이 지닌 열정이 아닌 오랜 기간에 걸쳐 지속적으로 행하는 수행으로 말미암는다. 우리는 타자의 고통과 참혹을 관망하기보다 공감하기를 자연스럽게 선택한다. "자연스럽다"는 것은 "등과 옆구리"를 타자에게 "기꺼이 내줘" "마음껏 구르게 하"는 환대를 지향하며 "일생을 그리움 하나로 사는" 일이기도 하다.

죽음을 기억하고 뒷모습을 살피는 윤리란 자연이 보여주는 저 환대의 가능성에 내재해 있음을 시인은 분명히 밝힌다. 환대는 타자중심적인 것이라서 단순히 주체의 가능성이나 주체의 할 수 있음에 기대지 않는다. 환대는 나자가 지닌 다양성을 포용하며 은폐되지 않도록 이끄는 실천의 양태이다. "서로의 색깔이/다름부터 인정"하여 차이가 "어울려 하나"(「스테인드글라스」)가 될 수 있도록 다채로움의 가능성을 받치는 절대적 힘이다. 물과 구름, 바위와 나무가 각각 서로의 차이를 포용하며 다채로움으로 서로를 지지하듯이 한혜영 시인은 자연을 통해 우리가 모색해야 할 삶의 방향성을 그려 넣는다. 비록 "한 시대 절망의 밧줄은 길고도 질"(「험한 시절」)겨 여전히 횃대에 오르지 못할지라도 서로가 서로에게 스밀 수 있다면, 기꺼이 조화를 이뤄 한결같은 꿈을 나눌 수 있다면, 그 이후에 도래할 삶의 가능성은 우리의 현존에 진정성을 부여하는 계기가 될 것이라고 말이다.

가헤 시인선 002

뒷모습에 잠깐 빠졌을 뿐입니다

ⓒ 한혜영

초판 1쇄 인쇄 2024년 3월 27일
초판 1쇄 발행 2024년 4월 3일
지은이 한혜영
펴낸이 김석봉
디자인 헤이존
펴낸곳 문학의전당
출판등록 제448-251002012000043호
주소 충북 단양군 적성면 도곡파랑로 178
전화 043-421-1977
전자우편 sbpoem@naver.com

ISBN 979-11-5896-639-3 03810